AF398937

Estratégia de Investimento em Criptomoedas

Como enriquecer com criptomoedas

Sato Akira

Impresión y editorial: BoD – Books on Demand
info@bod.com.es - www. bod.com.es
Impreso en Alemania – Printed in Germany

ISBN: 978-8-4137-3387-6

Introdução

Ao utilizar este livro, você aceita este aviso legal na íntegra.

Nenhum conselho

O livro contém informações. As informações não são conselhos e não devem ser tratadas como tal.

Se julga estar a sofrer de alguma condição médica, você deve procurar assistência médica imediata. Você nunca deve adiar a procura de aconselhamento médico, desconsiderar o aconselhamento médico ou descontinuar tratamentos médicos baseado na informação do livro.

Sem representações ou garantias

Na extensão máxima permitida pela lei aplicável e sujeita à secção abaixo, nós excluímos todas as representações, garantias e compromissos relacionados com o livro.

Sem prejuízo da generalidade do parágrafo anterior, nós não representamos, realizamos ou garantimos:

- que a informação no livro é correta, precisa, completa e não enganosa;

- que o uso da orientação no livro irá levar a qualquer determinado desfecho ou resultado.

Limitações e exclusões de responsabilidade

As limitações e exclusões de responsabilidade estabelecidas nessa secção e noutras partes deste aviso: estão sujeitas à secção 6 abaixo; e governam todas as responsabilidades decorrentes do aviso ou em relação ao livro, incluindo responsabilidades decorrentes de contrato, por ato ilícito (incluindo negligência) e por violação do dever estatutário.

Nós não seremos responsáveis perante você em relação a quaisquer perdas decorrentes de qualquer evento ou eventos além do nosso controle razoável.

Nós não seremos responsáveis perante você em relação a quaisquer perdas comerciais, incluindo, sem limitação, perda de ou danos nos lucros, rendimentos, receitas, uso, produção, poupanças antecipadas, negócios, contratos, oportunidades comerciais e património de marca.

Nós não seremos responsáveis perante você em relação a qualquer perda ou corrupção de quaisquer dados, bases de dados ou software.

Nós não seremos responsáveis perante você em relação a quaisquer danos ou perdas consequentes, indiretas ou especiais.

Exceções

Nada neste aviso deve: limitar ou excluir a nossa responsabilidade pela morte ou danos pessoais resultantes de negligência; limitar ou excluir a nossa responsabilidade por fraude ou representação fraudulenta; limitar qualquer uma das nossas responsabilidades de uma forma que não é permitida ao abrigo da lei aplicável; ou excluir qualquer uma das nossas responsabilidades que não podem ser excluídas ao abrigo da lei aplicável.

Divisibilidade

Se uma secção deste aviso for determinada por qualquer tribunal ou outra autoridade competente como sendo ilegal e/ou inaplicável, as outras secções deste aviso continuam em vigor.

Se qualquer secção ilegal e/ou inaplicável for legal ou aplicável se uma parte for eliminada, essa parte será considerada para eliminação e a restante secção irá continuar em vigor.

Lei e jurisdição

Este aviso será regido e interpretado em concordância com as leis suíças e quaisquer disputas relacionadas com este aviso estarão sujeitas à jurisdição exclusiva dos tribunais da Suíça.

Quando a maioria das pessoas pensa em criptomoedas, eles também podem estar pensando em moeda certa. Muito poucos parecem saber o que é e, mas por algum motivo, todo mundo parece estar a falar sobre isso como se o fizessem.

Existem muitas pessoas que já chegaram ao status de milionários por tratarem de criptomoedas. Claramente, há muito dinheiro nesta nova indústria.

Criptomoeda é uma moeda eletrónica, simples e direto. No entanto, o que não é tão direto e simples é exatamente como parece ter valor.

Criptomoeda é uma moeda digital, virtual, e descentralizada producida pela aplicação de criptografia, que, de acordo com o dicionário Merriam Webster, é uma " ***codificação computadorizada e decodificação de informações***". Criptografia é a base que torna possível cartões de débito, banco pelos computadores e outros sistemas de eComercío.

Criptomoeda, como o nome sugere, usa códigos criados para efetuar uma transação. uses encrypted codes to effect a transaction. Esses códigos são reconhecidos por outros computadores na comunidade de usuários. Em vez, de usar dinheiro em papel, um livro de contabilidade online é atualizado por registos contabilísticos normais. A conta do comprador é debitada e a conta do vendedor é creditada com a tal moeda.

Criptomoeda não é apoiada por bancos; e não é apoiada pelo governo, mas por um extremo complicado arranjo de algoritmos. Criptomoeda é eletricidade que é codificada em cadeias complexas de algoritmos. O que dá valor monetário é a sua complexidade e hackers de segurança. A maneira como a criptomoeda é feita é simplesmente demasiado difícil para reproduzir.

Criptomoeda está em oposição direta ao que é chamado de dinheiro sem lastro. Dinheiro sem lasto é uma moeda que obtém o seu valor atravéd das leis e regras do governo. O dolár, o eine e o euro são todos exemplos. Qualquer moeda que é definida como moeda legas é dinheiro sem lastro.

Ao contrário do dinheiro sem lastro, outra parte do que faz a criptomoeda de valor é que, como uma mercadoria como prata ou ouro, há apenas uma quantidade finita dela. Apenas 21,000,000 destes extremos complexos algoritmos foram producidos. Nem mais, nem menos. Não pode ser alterado ao produzir mais, como o governo a imprimir mais dinheiro para encher o sitema sem apoio. Ou por um banco a alterar um livro digital contabílistico, algo como a reserva federal vai instruir os bancos a fazer um ajuste à inflação.

Criptomeoeda é um meio de comprar, vender e investir que completamente evita tanto a supervisão do governo ensistemas bancários que acompanham o movimento do seu dinheiro. Numa economia mundia desestabilizada, este sistema pode tornanr-se uma força estavél.

Criptomoeda também oferece um grande anonimato. Infelizmente isto pode levar a um mau uso por um elemnto criminal a usar a criptomoeda para os seus próprios fins assim como o dinheiro regular pode ser mal usado. No entanto, também pode manter o governo de rastrear todas as sias compras e invadir a sua privacidade pessoal.

Criptomoeda vem em várias formas. Bitcoin foi a primeira e é o padrão que todas as outras criptomoedas padronizam-se. Todas são produzidas por cálculos alfanuméricos meticulosos de uma ferramenta de codificação complexa. Alguma criptomoedas são ***Litecoin, Namecoin, Peercoin, Dogecoin, e Worldcoin,*** para nomear algumas. Estão são chamadas **alt-moedas** como nome generalizado. Os preços de cada uma são regulados pelos fornecedores da criptomoeda específica e pela demanada do mercado tem pela moeda.

A maneira como criptomoedas é trazida à existência é bastante fascinante. Ao contrário do ouro, que tem de ser minado do solo, criptomoeda é apenas uma entrada num livro contabilístico online que é armazenado em vários computadores em todo o mundo. Estas entradas tem de ser «minadas» usando algoritmos matematicos. Usuários individuais ou, mais provável, um grupo de usuários executam uma análise computacional para encontrar uma serie particular de dados chamado de ***blocos.*** Os «mineiros» encontram os dados que produzem um exato padrão para o algoritmo criptográfico. Neste momento, é aplicado às séries, e encontram o bloco. Depois de série de dados equivalentes condiz com o algoritm, o bloco de dados foi descriptado. O mineiro recebe uma recompensa de uma quantidade específica de criptomoedas. Com o passar do tempo, o montante da recompensa torna-se escasso. A adicionar a isso, a complexidade dos algoritmos na procura de novos blocos aumenta. Computacionalmente, torna-se mais dificil encontrar uma série que condiz. Ambos os cenários juntam-se para diminuir a velocidade na qual a criptomoeda é criada. Isto imita a dificuldade e a escassez de minar uma mercadoria como o ouro.

Agora, qualquer um pode ser mineiro. Os criados do Bitcoin fizeram a ferramenta de minar um código aberto, por isso é gratuito para todos. No entanto, os computadores que eles usam funcionam 24 horas por dia, sete dias por semana. Os algoritmos são extremamente complexos e o CPU está a funcionar a toda a velocidade. Muitos usuários tem computadores especializados feitos especificamente para minar criptomoedas. Ambos os usuários e os computadores especializados são chamados de *mineiros.*

Mineiros (os humanos) também mantém um livro contabilístico de transações e agem como auditore, para que a moeda não seja duplicada de nenhuma maneira. Isto mantém o sistema de ser hackeado e de correr de forma descontrolada. Eles são pagos por este trabalho ao receber criptomoedas todas as semanas que mantém o funcionamento. Eles mantém as suas criptomoedas em ficheiros especializados no seu computador ou noutro dispositivo pessoal. Este ficheiros são chamados **carteiras.**

Criptomoedas parace ser o produto de investimento mais popular a circular. Escute qualquer conversa dos seus amigos, e é tudo sobre bitcoins. Todas as conversas nos locais de trabalho é sobre as moedas virtuais. A plavra de ordem, hoje em dias, nas salas de chat online é também sobre as criptomoedas. Há

16

um revolução económica silenciosa, graças ao popular crescimento destas moedas virtuais.

Escusado será dizqer que, se quiser tornar-se grande no mundo dos bitcoins, então tem de ter nariz para cheirar as novidades. Agora, que reduziu a sua lista de criptos, vai ter de analizar e decidir quais tem um potencial de negociar mais alto e mais rápido que os restantes. Esta é a razão porque precisa de se manter atualizado nas noticias. Vai procurar por informações sobre tendências de blockchain de várias fontes. Nestes dias vários canais de negócios dedicam tempo exclusivo para estas tendências.

Outra fonte potencial de informação pode ser outros que estejam no comércio das moedas virtuais. Fique a conhecer alguns que sejam muito bons em negociações e tente entrar nos seus cérebros ppara informações valiosas. A internet é uma ótima maneira de entrar em contacto com esses peritos. Pode encontrá-los através de fóruns online. Mantenha-se em contacto com eles regularmente. Da mesma forma, pode subscrever a websites que se especializam no comércio da criptomoeda. Desta maneira pode assegurar que não está a perder nenhuma notícia importante.

Boas fontes de informação nas criptomoedas podem ser obtidas por diferentes organizações. Eles oferecem Eles oferecem bastante informação acerca do ecossistema de blockchain. O website desta organização oferece informação detalhada nas moedas digitais.

Segurança é outra coisa que é crucialmente importante sempre que está a lidar com criptomoeda. Desde que precisará de criar e usar diferentes passwords para contas diferentes, é sugerido que uso de um gerenciador de passwords. Tenha certeza que usa antivírus forte no seu computador. Uma boa firewall é mandatória em ordem para garantir a segurança perfeita dos seus dados e transações online.

Outra coisa importante que precisa de seguir é nunca relevar o quanto negociou em criptomoedas online. Isto é verdade tanto online como offline. Também nunca deve cometer o erro de clicar no link de ninguém nos grupos de cripto. Pode facilmente fazer download de um vírus para o seu computador. A maioria das páginas nestes grupos são conhecidas por conter vírus.

Com um limite de mercado de cerca de $278 bilhões, Bitcoin é a criptomoeda mais estabelecida. Ethereum é segunda no limete do mercado de mais de $74 bilhões. Além destas duas moedas, há um número de outras opções, incluindo Ripple ($28B), Litecoin ($17B), and MIOTA ($13B).

Ser o primeiro no mercado, há imensas trocas no mercado de Bitcoin em todo o mundo. BitStamp and Coinbase são duas bem conhecidas trocas com sede nos EUA. Bitcoin.de é uma troca establecida na Europa. Se está interessado na troca de outras moedas digitais junto com a Bitcoin, em seguida um mercado de criptografia é onde vai encontrar todas as moedas digitais num único lugar.

Outra coisa importante é o armazenamento de moedas. Uma opção, claro, é armazenar na troca em que as compra. No entanto, terá de se cuidadoso na seleção da troca. A popularidade das moedas digitais resultou em muitas novas trocas a aparecer em todo.

Tire o seu tempo para fazer as suas diligências para conseguir evitar fraudes.

Outra opção que tem com as criptomoedas é que podes ser tu a armazená-las. Uma das opções mais seguras é armazenar os seus investimentos em carteiras de hardware. Companhias como Ledger permite armazenar Bitcoins e outras várias moedas digitais também.

O mercado da criptomoeda flutua muito. A natureza volátil do mercado torna-lo mais apropriado para uma troca a longo-prazo.

Há muitos sites de notícias estabilicidos que relatam as moedas digitais, incluindo Coindesk, Business Insider, Coin Telegraph, e Cryptocoin News. Além destes sites, existe também muitas contas do Twitter que tweetam acerda das moedas digitais, incluindo @BitcoinRTs e @AltCoinCalendar.

Moedas digitais tem como objetivo perturbar a moeda tradicional e a comodidade do mercado. Enquanto estas moedas ainda tem um longo caminho a percorrer, o sucesso das Bitcoins e

Ethereum tem provado que há um interesse genuino no conceito. Entender os básicos do investimento nas criptomoedas vai ajudá-lo a comelçar da maneira correta.

Com mais bancos a virar-se para as moedas digitais como as suas formas principais de manter a manutenção de registos eletrónicos, o crescimento emergente de uma larga variedade de criptomoedas virtuais, pode ser dito que no futuro das transações no mundo será definido para ser realizado eletronicamente. Talvez dentro de cem anos, dinheiro em papel pode se tornar virtualmente uma coisa do passado.

OS BÁSICOS DA CRIPTOMOEDA

Nos tempos que estamos a viver, a tecnologia fez um avanço inacreditavél comparado qualquer momento no passado. Esta evolução redefiniu a vida do Homemem quase todos os aspetos. Na verdade, esta evolução é um processo constante e, portanto a vida humana na terra está a melhorar constantemente dia sim, dia não. Uma das últimas conclusões neste aspecto são as **criptomoedas.**

Criptomoeda não é nada mais que uma moeda digital, que foi desenhada para impor seguridade e anonimato nas transações monetárias online. Usa encriptação criptográfica tanto para gerar moeda e verificar transações. As novas moedas são criadas por um processo chamado de mineração, considerando que as transações são registadas num livro contabilistico público, que é chamdo de **Cadeia de blocos de transações.**

Atalho

A evolução da criptomoeda é principalmente atribuída ao mundo virtual da web e involve o procedimento de transformação de informação legível em código, o que é quase indecifrável. Portanto, torna-se mais fácil para manter um rastreamento das transferências envolvendo a moeda. Criptografia, desde a sua introdução na Segunda Guerra Mundial para assegurar a comunicação, tem evoluído nesta era digital, misturando-se com teorias matemáticas e ciências computacionais. Assim, agora é usado para segurar não só a comunicação e informação mas também transferência de dinheiro através da web virtual.

Como usar a criptomoeda

É bastante fácil para as pessoas comuns fazer uso da moeda digital. Siga apenas os passos dados abaixo:

- *Precisa de uma carteira digital (obviamente,para armazenar a moeda)*
- *Faezr uso da carteira para criar endereços públicos úncios (isto permite que recebas a moeda)*
- *Use o endereço público para transferir fundos dentro e fora da carteira.*

Carteiras de criptomoedas

A carteira de criptomoedas não é nada mais que um pprograma de software, que é capaz de armazenar ambas as chaves públicas e privadas. Em adição a isso pode também interagir com diferentes *blockchains*, para que os usuários possam enviar e receber moedas digitais e também manter um registo do seu balanço.

Como as carteiras digitais funcionam

Em contraste com as carteiras convencionais que carregamos nos nossos bolsos, carteiras digitais não armazenam moedas. Na verdade, o conceito de blockchain foi tão inteligentemente misturado com a criptomoeda que a moeda nunca fica armazenada numa localização particular. Nem existem em ladi nenhum em dinheiro vivo ou forma física. Apenas os registos das transições são armazenadas e nada mais.

Um exemplo da vida real

Suponha, que um amigo lhe envia alguma moeda digital, diga-se em forma de bitcoin. O que este amigo este maigo faz é transferir a propriedade destas moedas para o endereço da sua carteira. Agora, quando quiser usar este dinheiro, tem de desbloquear o fundo.

Em ordem para desbloquear o fundo, precisa de corresponder a chave privada da sua carteira com o endereço público a que as moedas estão designadas. Apenads quando ambos os endereços públicos e privados coincidem a sua conta vai ser creditada e o balanço na sua carteira irá encher. Simultanemante, o balanço de quem envia a moeda digital vai diminuir. Nas transações relacionadas com as moedas digitais, a atual troca das moedas fícicas não toma lugar em nenhuma instância.

Entender o endereço das criptomoedas

Por natureza, é um endereço público com uma sequência única de caracteres. Isto permites ao usuário ou proprietário da carteira digital recever a criptomoeda de outros. Cada endereço público, que é gerado, tem um endereço privado correspondente. Esta correspondência automática prova ou estabelece a propriedade do endereço público. Como uma anologia mais prática, pode considerar um endereço público de criptomoeda igual ao seu endereço de e-mail para o qual outros podem enviar e-mails. Os e-mails são a moeda que as pessoas te enviam.

Entender a última versão da tecnologia, na forma de criptomoeda não é difícil. É preciso um pouco de interesse e gastar um bocadinho de tempo na internet para ficar com os básicos esclarecidos.

DICAS PARA O INVESTIMENTO EM CRIPTOMOEDAS

Criptomoeda é a nova tendência no mercado do dinheiro que contém os elementos da ciência computacional e teoria matemática. A sua função primária é garantir a comunicação, enquanto converte informações legíveis num código inquebrável. Pode rastrear as suas compras e transferências com criptomoedas. A seguir estão as dicas para os investidores investirem em criptomoedas.

- ***É exatemente como investir em comodidades:***

Investir em criptomoeda é como investir em qualquer outra comodidade. Tem duas caras - pode ser usado como um ativo ou como um investmento, que pode vender e trocar.

- ***Compre Bitcoin Diretamente:***

Compre Bitcoins diretamente se não quiser pagar a taxa para investir ou se estiver interessado em comprar Bitcoins reais. Há várias outras opções em todo o mundo, incluindo Bitcoin.de, BitFinex e BitFlyer de onde pode comprar Bitcoins diretamente.

Apenas uma Minoria Absoluta Usa Criptomoedas:

Hoje em dia, Bitcoin é a criptomoeda mais comum no mundo do investimento. Em algumas partes do mundo, apenas 35% dos adultos sabem disso e, surpreendentemente, apenas 2% utlizam individualmente. É uma boa notícia para os investidores financeiros, visto que o baixo uso representa um investmento frutuoso para o futuro.

Uso em crescimento:

A combinação da capitalização de mercado das criptomoedas é superior a 60 bilhões de dólares americanos. Inclui todas as criptomoedas em exitência, incluindo centenas de algumas mais pequenas e desconhecidas. O uso em tempo real das criptomoedas aumentou, apresentando um aumento na tendência.

O uso é a chave em critério:

Como investidor, o uso deve ser a chave. A demanda e a oferta dos dados de criptomoedas exibe uma oportunidade de investimento decente, no momento. Há um uso intenso das moedas para facilitar os pagamentos entre as instituições finais e, portanto, reduzir significavamente os custos de transações.

O Ciclo do Mercado:

Currently, the cryptocurrency market is in euphoria. It is the point where the investment may not appear as a golden opportunity to you but the values will go higher from here. Businesses, governments, and society across the globe will soon be considering cryptocurrencies.

Atualmente, o mercado das criptomoedas em euforia. É o ponto em que o investimento pode não aparecer como uma oportunidade de ouro, mas os valores irão subir a partir daí. Negócios, governos e a sociedade em todo o mundo irão cedo considerar as criptomoedas.

Irá Resolver Problemas por Si:

O dinheiro é para evitar problemas, assim como a criptomoeda. Quanto maior o problema, maior será o valor potencial que obtém. O ponto ideal para possuir criptomoedas é que permite acesso a dinheiro e funções bancárias básicas, incluindo compra e fiação.

Cripto para Dinheiro:

Hoje em dia, criptomoedas pode ser trocada para dinheiro em papel convencional. Por isso, o risco de dependência que existioa há algum tempo atrás, já não existe.

Cria o Seu Portefólio:

Uma vez que as criptomoedas podem ser trocadas, elas se tornaram outra maneira construir o seu portefólio. Pode agora armazenar dinheiro na forma de cripto e trocá-lo por dinheiro a qualquer momento que precise dinheiro tradicional.

Leia os Recursos Certos:

'Todos sem distinção' tornam-se um guru durante qualquer tendência. Seja muito cético enquanto seleciona as fontes que lê e as pessoas que investem em criptomoedas.

COMO A CRIPTOMOEDA FUNCIONA

Put simply, cryptocurrency is digital money, which is designed in a way that it is secure and anonymous in some instances. It is closely associated with internet that makes use of cryptography, which is basically a process where legible information is converted into a code that cannot be cracked so as to tack all the transfers and purchases made.

Simplificando, a criptomoeda é moeda digital, que é identificada de uma forma que é segura e anónima em alguns casos. É intimamente associada com a internet que faz uso da criptomoeda, o que é basicamente um processo onde informação legivél é convertida em código que não pode ser quebrado de modo a aderir todas as transferências e compras feitas.

Cryptography has a history dating back to the World War II, when there was a need to communicate in the most secure manner. Since that time, an evolution of the same has occurred and it has become digitalized today where different elements of computer science and mathematical theory are being utilized for purposes of securing communications, money and information online.

Criptografia tem uma história que remonta à Segunda Guerra Mundial, quando houve a necessidade de se comunicar da maneira mais segura. Desde então, uma evolução da mesma ocorreu e foi digitalizada para os dias de hoje, onde diferentes elementos de ciência computacional e de teoria matemática estão a ser utilizados para fins de proteção de comunicações, dinehro e infomações online.

A primeira criptomoeda

A primeira criptomoeda foi introduzida no ano de 2009 e ainda é bem conhecida em todo o mundo. Muitas mais criptomoedas foram introduzidas ao longo dos últimos anos e hoje em dia pode encontrar muitas disponíveis em toda a internet.

Como funcionam

This kind of digital currency makes use of technology that is decentralized so as to allow the different users to make payments that are secure and also, to store money without necessarily using a name or even going through a financial institution. They are mainly run on a blockchain. A blockchain is a public ledger that is distributed publicly.

Este tipo de moeda digital faz uso de tecnologia que é descentralizada para permitir os usuários diferentes façam pagamentos que sejam seguros e também, para armazenar dinheiro sem necessidade de usar um nome ou até ter de o fazer através de uma instituição financeira. Eles geralmente são executados numa blockchain. Uma blockchain é um livro contabilístico que é destribuido publicamente.

A unidade de criptomoeda geralmente é criada usando o processo que referido como ***mineração***. Isto geralmente envolve o uso do poder de um computador. Fazendo isso, os problemas matemáticos que podem ser facilmente complicados na geração de moedas podem ser resolvidos. Os usuários só podem comprar as moedas dos brockers, em seguida, armazená-las em carteiras criptograficas, onde podem gastá-las com uma com grande facilidade.

As criptomoedas e a aplicação da tecnologia blockchain ainda estão nos estágios iniciais, quando pensadas em termos financeiros. Mais usuários podem surgir no futuro, pois não há maneira de dizer o que será descoberto. O futuro das transações nas ações, títulos e outros tipos de ativos financeiros poderia muito bem ser trocado usando a tecnologia de blockchain no futuro.

Porque usar a criptomoeda?

Uma das principais vantagens destas moedas é o facto de que elas são seguras e de que oferecem um nível de anonimato que não pode obter em qualquer outro lugar. Não há nenhuma maneira da transição ser revertida ou falsa. Este é de longe o maior motivo pelo qual deve considerar usá-los.

The fees charged on this kind of currency are also quite low and this makes it a very reliable option when compared to the conventional currency. Since they are decentralized in nature, they can be accessed by anyone unlike banks where accounts are opened only by authorization.

As taxas cobradas neste tipo de moeda também são bastante baixas e isso o torna uma opção muito real quando comparado com a moeda convencional. Uma vez que eles são descentralizados na natureza, eles podem ser obtidos por qualquer um, ao contrário dos bancos onde os recursos são disponibilizados apenas por autorização.

Os mercados de criptomoedas estão oferecendo uma nova forma de dinheiro novo e às vezes as recompensas podem ser excelentes. Pode fazer um pequeno investimento apenas para descobrir que se transformou em algo fantástico num período muito curto de tempo. No entanto, é ainda importante notar que o mercado pode ser volátil também, e há riscos de que podem ser associados à compra.

Há um nível de anonimato associado a criptomoedas e isso é um desafio, porque a atividade ilegal pode prosperar aqui. Isso significa que precisa ser muito cuidadoso ao decidir comprar. Certifique-se de obter a sua criptomoeda de uma fonte confiável.

Como pode a criptomoeda ajudá-lo?

No que diz respeito à fraude, este tipo de moeda não pode ser falsificado, pois está em forma digital e não pode ser revertido ou falsificado ao contrário dos cartões de crédito.

VANTAGENS DA CRIPTOMOEDA

Criptomoeda é uma alternativa digital ao uso de cartões de crédito ou dinheiro para fazer os pagamentos do cotidiano nas mais variadas situações. Continua a crescer como uma alternativa viável aos métodos de pagamento tradicional, mas ainda precisa se tornar mais estável antes de ser totalmente bem-vindo pelas pessoas comuns.

Ao longo dos últimos anos, as pessoas têm falado muito sobre a criptomoeda. À primeira vista, este negócio parecia assustador, mas as pessoas tem começado a desenvolver confiança nele. Pode ter ouvido de Ether e Bitcoin. Ambas são moedas criptográficas e usam a tecnologia Blockchain para a maior segurança possível. Hoje em dia, estas criptomoedas estão disponíveis em vários tipos.

Vamos ver algumas das muitas vantagens de usar a criptomoeda:

Fraude –

Qualquer problema com fraude é reduzido a um mínimo porque a criptomoeda é digital o que pode prevernir um pagamento reverso ou falsificado. Este tipo de ação pode ser um problema com outras opções tradicionais de pagamento, tal como determinado cartão de crédito, por causa de estornos.

Roubo de Identidade –

O seu comerciante obtém a sua linha completa do seu crédito assim que lhes fornece o seu crtão de crédito. Isto é verdade mesmo se a trasação for muito pequena. Na verdade, o que acontece é que o cartão de crédito funciona com base num sistema "tira", onde a loja online tira o montante requerido da conta associada com o cartão. Por outro lado, a moeda digital apresentam um mecanismo de "compra" em que o titular da conta envia apenas o valor necessário, sem nenhuma informação adicional. Portanto, não há chance de roubo.

Não há necessidade de dar informações pessoais que podem causar roubo de identidade ao usar a criptomoeda. Se usar uma ordem um cartão de crédito, a loja recebe uma muita informação relacionada à sua linha de crédito, mesmo para pequenas transações. Além disso, o pagamento do cartão de crédito depende na transação de tirar onde um montante específico é solicitado da sua conta. Com o pagamento de criptomoedas, a transação é baseada em uma base de compra, que dá ao proprietário da conta a opção de enviar apenas o montante exato a pagar sem nenhuma informação adicional.

Uso Versátil –

Um pagamento de criptomoedas pode ser facilmente feito para cumprir determinados termos. Um contrato digital pode ser criado para tornar um pagamento sujeito a completar numa data futura, referência a fcatos externos, ou obter a a provação de uma terceira parte. Mesmo com um contrato especial em vigor, este tipo de pagamento ainda é muito rápido e eficaz.

Acesso Fácil –

O uso da criptomoeda está amplamente disponível para qualquer pessoa que tenha acesso à internet. Está a crescer a se tornar muito popular em certas partes do mundo, como Kenya, que tem cerca de 1/3 da população a usar uma carteira digital através dos serviços locais de microfinaça.

De acordo com as estatísticas, cerca de 2.2 bilhões de pessoas usa a internet mas nem todas tem acesso às trocas convencionais. Por isso, usam o novo método de pagamento.

Taxas Baixas –

Tipicamente, não há taxa de transação se quiser trocas bitcoin ou qualquer outra moeda. Para verificar uma transação, há mineiros que são pagos pela rede. Embora não haja nenhuma taxa de transação, a maioria dos compradores ou vendedores contratam os serviços de terceiros, como o Coinbase para a criação e manutenção de suas carteiras. Se não sabe, estes serviços funcionam justamente como o Paypal, que oferece um sistema de troca baseado na web.

É possivél completar uma transação de criptomoesa sem ter de pagar extras taxas ou encargos. No entanto, se a carteira digital ou um serviço de terceiros é usado para assegurar a criptomoeda é provável haver um encargo pequeno.

Troca Internacional –

Uma vez que a criptomoeda não é baseada nas taxas de câmbio, taxas de transação ou taxas de juros, pode usá-la internacionalmente, sem sofrer de qualquer problema. Então, pode salvar muito tempo e muito dinheiro. Em outras palavras, Bitcoin e outras moedas como esta são reconhecidas em todo o mundo. Pode contar com elas.

Este tipo de pagamento não é sujeito a taxas específicas por país, taxas de transação, taxas de juros ou taxas de câmbio, o que torna possível a transferências transfronteiras com facilidade relativa.

Adaptabilidade –

Com cerca de 1.200 tipos de criptomoedas úncias no mercado global, há muitas oportunidades de usar um método de pagamento que atenda às suas necessidades específicas. Mesmo que haja uma abundância de opções para usar as moedas para todos os usos cotidianos, também existem aquelas destinadas para um uso específico ou uma indústria expecifica.

Liquidação Imediata

Comprar propriedade real involve terceiros, como advogados e notários. Assim, atrasos podem ocurrer e custos extras podem incorrer. Por outro lado, os contratos de Bitcoin são designados e aplicados a fim de incluir ou excluir partes terceiras. As transações são rápidas e os acordos podem ser instantâneos.

Decentralização

No que se refere à descentralização, uma rede de computador internacional chamada de tecnologia Blockchain gere a base de dados de Bitcoin. Em outras palavras, Bitcoin está sob a administração da rede, e não há nenhuma autoridade central. Em outras palavras, a rede trabalha com base numa abordagem peer-to-peer.

Portanto, se estiver procurando numa maneira de investir o seu dinheiro extra, pode considerar investir em Bitcoin. Pode se tornar num mineiro ou num investidor. No entanto, certifique-se de saber o que está a fazer. A segurança não é um problema, mas outras coisas são importantes para serem mantidas em mente. Felizmente, achará este livro útil.

Como pode a criptomoeda ajudá-lo?

48

No que diz respeito à fraude, este tipo de moeda não pode ser falsificado, pois está em forma digital e não pode ser revertido ou falsificado ao contrário dos cartões de crédito.

COMO SÃO FEITAS AS TRANSAÇÕES NA CRIPTOMOEDA?

Quando uma transação é iniciada por um único usuário, o seu computador envia uma cifra pública ou uma chave pública, que interaje com a cifra privada da pessoa a receber a criptomoeda. Se o destinatário aceitar a transação, o computador inicial anexa um pedaço de código em um bloco de vários códigos incriptados que é conhecido a todos os usuários na rede. Usuários especiais chamados ***Mineiros*** podem enviar o código extra para o bloco partilhado, resolvendo um problema criptográfico e ganhando mãos criptomoedas no processo. Uma vez que um mineiro confirma a trasição, o registo no bloco não pode ser mudado ou apagado.

BitCoin, por exemplo, pode ser usado em dipositivos móveis bem como decretar compras. Tudo o que precisa é deixar o recetor fazer o scan do código QR de uma aplicação no seu smartphone ou trazê-los cara a cara ao utilizar Near Field Communication (NFC). Repare que isto é muito semelhante às carteiras online comuns tais como PayTM ou MobiQuick.

Usuários obstinados juram pela BitCoin pela sua natureza descentralizada, aceitação internacional, anonimato, permanência da transação e da segurança de dados. Ao contrário da moeda papel, nenhum Banco Central controla as pressões de inflação na criptomoeda. Os livros contabilísticos das transições são armazendas numa rede peer-to-peer. Isso significa que cada chip de computador no seu poder de computação e cópias da base de dados são armazenas em todas os nodes da rede. Por outro lado, Bancos, armazenam os dados de transações em repositórios centrais que estão nas mãos de indivíduos privados contratados pela empresa.

TIPOS DE CARTEIRAS DE CRIPTOMOEDAS E O SEU ASPECTO GERAL DE SEGURANÇA

Existem vários tipos de carteiras de criptomoedas para permitim que os usuários armazenem e acessem as suas moedas digitais de diferentes maneiras. A questão que é real relvante neste contexto é até que ponto essas carteiras estão seguras. Antes de considerar o aspecto de segurança, é útil entender os vários tipos ou variadades de criptomoedas que existem hoje.

Carteira de Criptomoedas: *Tipos e variedades*

Estas carteiras podem amplamente serem classificadas em 3 categorias:

- *Carteiras Software*

- Carteiras Hardware e

- Carteiras de papel

As carteiras de software de criptomoedas podem novamente ser subdivididas em carteiras desktop, online e móvel.

Carteiras Software de Desktop:

Essas carteiras foram feitas para ser feito o download e instaladas em PCs e portáteis. Esta variedade em particular oferece o maior nível de segurança, embora a sua acessibilidade seja limitada apenas para o comutador em que está instalada. Além disso, por causa disso, se o comutador for hackeado ou for infetado por virus, existe a possibilidade de que possa perder todo o seu dinheiro.

Carteiras Software Online:

Esta série de carteiras de criptomoedas é executada na nuvem. Assim, eles podem acessadas facilmente através de qualquer dispositivo computacional e de qualquer localização geográfica. Além da conveniência da acessibilidade, este tipo de carteiras digitais armazena as chaves privadas online. As chaves são até mesmo controladas por terceiros; isso as torna bastante vulneráveis a serem hackeadas e roubas.

Carteiras Software Móvel:

Ao contrário das outras duas variáveis, carteiras software móveis sãoo executadas através de uma aplicação num samrtphone. Estas podem ser facilmente usadas em qualquer lugar, incluindo estabelecimentos de venda a retalho e centros comerciais. Esta variedade de carteiras é geralmente muito mais simples e comparada às normais de desktop para acomodar o espaço muito limitado em aparelhos móveis.

Diferenças entre carteiras hardware e software

Carteiras digitais hardware variam das de software no aspecto de armazenar as chaves do usuário. As carteiras hardware armazenam as chaves do usuário no dispositivo hardware (por exemplo, a PEN). Portanto, as chaves são armazenadas offline, as carteiras oferecem uma segurnaça adicional. Além disso, carteiras hardware são facilmente compativéis com interferências online e podem lidar com diferentes moedas. Esta variedade de carteiras de criptomoedas é também fácil de fazer transações com. Como usuário, só precisa de ligar o dispositivo a qualquer computador, que esteja conectado à web ante de introduzir o PIN, transferir a moeda e confirmar a transação. A moeda digital é mantida ofline pela carteira e assim, o factor de risco preocupação com a segurança é muito menor.

Carteiras Digitais de Papel:

Esta variedade de carteiras digitais também é fácil de usar e garante um alto nível de segurança. O termo "carteira de papel" apenas refere-se à impressão em papel de um usuário de ambos as chaves privadas e públicas. No entanto, considerando as instâncias, também pode recorrer a uma outra aplicação de software feita para gerar as chaves seguramente antes de imprimir.

Varridas com Carteiras de Papel

Usar carteiras de papel é relativamente mais fácil. Em ordem, de transferir qualquer criptomoeda para a sua carteira de papel, apenas transfira os fundos da carteira de software para o endereço público, que a sua carteira de papel exibe. Da mesma forma, quando quiser gastar ou retirar o seu dinheiro, basta transferir os fundos da carteira de papel para a sua carteira de software. Este procedimento é popularmente conhecido como '***varridas***'.

Varridas podem ser feitas manualmente, ao introduzir a chave privada ou fazendo o scand do código QR na sua carteira de papel.

O quão seguras são as carteiras de criptomoeda

Diferentes variedades de carteiras digitais oferecem diferentes níveis de segurança. O aspeto da segurança geralmente depende de dois fatores:

- *O tipo de carteira que se usa- hardware, papel, online, desktop ou móvel*
- *O prestador de serviços escolhido*

Não é necessário mencionar, que é muito mais seguro manter as moedas num ambiente off-line, ccomparado com o on-line. Não há apenas nenhuma maneira de ignorar as medidas de segurança, independentemente da carteira que escolheu. Se perde as suas chaves, todo o dinheiro guardado na carteira desaparece das suas mãos. Por outro lado, se a carteira for hackeada ou transfere fundos para uma pessoa fraudelenta, não será possível reverter a conversão nem recuperar o dinheiro.

Investir em criptomoeda é uma ideia de negócio inteligente e, para isso, usar uma carteira adequada é inevitável. Só precisa ser um pouco cauteloso para garantir o aspecto da segurança e a proteção nas transferências e transações de fundos.

PORQUE DEVE TROCAR EM CRIPTOMOEDAS?

O conceito moderno da criptomoeda está a se tornar muito popular entre os comerciantes. Um conceito revolucionário é introduzido ao mundo por **Satoshi Nakamoto** como um produto alternativo tornou-se uma tendência. Decodificar a criptomoeda que entendemos e a criptografia é algo oculto e com certeza é meia mudança. É uma forma de moeda usada no blockchain, criada e armazenada. Isto é feito por meio de técnicas de criptografia para controlar a criação e a verificação da transação da moeda. Bitcoin foi a primeira criptomoeda a existir.

A criptomoeda é apenas uma parte do processo de uma base de dados que corre no mundo virtual. A identidade da pessoa real aqui não pode ser determinada. Além disso, não há nenhuma autoridade que governa a troca das criptomoedas. Esta moeda equivale a ouro duro, e é preservada pelas pessoas e cujo valor é suposto ser aumentando aos "trancos e barrancos". O sistema eletrónico feito por Satoshi é um descentralizado onde apenas os mineiros tem o direito de fazer ao confirmar as mudanças das transações iniciadas. Eles são o único toque humano no sistema.

Forgery of the cryptocurrency is not possible as the whole system is based on hard core math and cryptographic puzzles. Only those people who are capable of solving these puzzles can make changes to the database which is next to impossible. The transaction once confirmed becomes part of the database or the block chain which cannot be reversed then.

A falsificação da criptomoeda não é possível, pois todo o sistema é baseado em matemática pesada e puzzles criptográficos. Apenas aqueles que são capazes de exibir esses itens podem fazer alterações no dado que é próximo de ser impossível. A transação uma vez confirmada torna-se parte da base de dados ou do blockchain que não pode ser revertida.

Criptomoeda não é nada mais que dinehiro digital o que é criado para ajudar com as técnicas de código. É baseado num sistema de controlo peer-to-peer.

Alguns beneficios;

Não pode ser revertida ou flasificada:

Embora muitas pessoas possam refutar isso, as transações são feitas de forma irreversível, mas a melhor coisa sobre as transações é confirmada. Um novo bloco é adicionado à blockchain e, em seguida, a transação não pode ser forjada. Cada um se torna dono daquele bloco.

__Transações online:__

This not only makes it suitable for anyone sitting in any part of the world to transact, but it also eases the speed with which transaction gets processed. As compared to real time where you need third parties to come into the picture to buy house or gold or take a loan, You only need a computer and a prospective buyer or seller in case of cryptocurrency. This concept is easy, speedy and filled with the prospects of ROI.

Isso não só o torna adequado para quem está sentado em qualquer parte do mundo para realizar trasanções, mas também facilita o processo de transação. Como comparado com o tempo real onde precisa de terceiros para entrar no jogo para comprar uma casa, ouro ou fazer um empréstimo. Apenas precisa de um computador e um potencial comprador ou vendedor no caso da criptomoeda. Este conceito é simples, rápido e repleta de perscpectivas de ROI.

A taxa é baixo por transação:

Há uma taxa baixa ou nula retirada pelos mineiros durante as transações, visto que é tratado pela rede.

Accessibilidade:

O conceito é tão comum que todos as pessoas que têm acesso a smartphone e computadores podem obter a criptomoeda e negociá-la a qualquer hora e a qualquer local. Essa acessibilidade torna-a ainda mais lucrativa. Como o ROI é recomendável, muitos países como o Quênia introduziram o sistema M-Pesa, permitindo que o dispositivo de bitcoin o que permite 1 a cada três quenianos consiga ter uma carteira com eles.

UM GUIA PARA TROCAR COM SUCESSO NA MAIORIA DAS CRIPTOMOEDAS

A negociação de criptomoeda veio como um furacão pelo mundo todo e tornou-se a norma para a maioria dos comerciantes e investidores. Se tiver condições de fazer a sua pesquisa antes de entrar no mercado, terá uma chance de ver o crescimento e os lucros no final. O pior que pode fazer quando se trata deste tipo de negociação é entrar, simplesmente porque é o que todo mundo está a fazer. Uma pequena pesquisa sobre as a maioria das moedas e entrar dentro do mundo dos fundamentais da comprar e troca pode fazer uma diferença enorme. Abaixo estão algumas orientações que o colocarão no sucesso com as suas negociações.

Tire tempo para perceber como funciona o blockchain

A tecnologia de blockchain redefiniu as transações e está a mudar tudo. Blockchain pode ser definido como uma lista de registos que crescem continuamente em blocks protegidos e vinculados usando criptografia. Os *blockchains* são dados resistentes modificados e serve como um livro contabilístico de transação público entre as partes. A natureza transparente e descentralização de blockchains torná-lo altamente seguro e no mundo de hackers é verdadeiramente funcional e fácil. Resolvem problemas de manipulação que se tornaram tão comuns no mundo de hoje. Onde nenhuma pessoa pode explicar tudo o que é sobre os blockchains, aprender alguns fundamentais irá facilitar as suas negociações.

Conheça a aprenda as principais moedas

O local da moeda virtual está se tornando lotado graças à popularidade das moedas. O fato é que existem mais de 100 criptomoedas a serem usadas hoje em dia, o que significa que precisa saber quais são as populares e melhores, para que possa escolher as suas compras e vendas corretamente com uma mente de lucro. Bitcoin conta para metade de todo o mercado com o maior volume, mas Litecoin e Ethereum também são muito boas e estão a alcançar a Bitcoin. Descubra o máximo possível em relação à moeda em que está interessada. Quanto mais souber, melhores decisões vai tomar; pode conseguir negociar mais do que uma criptomoeda sem qualquer problema.

Ter em conta os riscos inerentes

Bitcoin e outras moedas são bastante volátis, mesmo quando comparadas com o mercado de ações e ouro. Lembre-se de que ainda é uma tecnologia nos seus primeiros dias e tem muitos desafios. As probabilidades de lucro são bastante altas, mas também o são os riscos. O sentimento público sobre uma moeda pode ter de impactar nos seus preços. O que sobe é definitivamente obrigado a descer, então esteja ciente do negócio que realiza. Quanto maiores os riscos, maiores as recompensas podem ser, mas esteja pronto para perdas também. O melhor que pode fazer com a criptomoeda que escolhe é ficar de olho nos eventos que podem afetar os preços e agir rápido.

Depois de saber tudo o que importa na negociação de moeda, pode seguir em frente e abrir uma conta de investimento e finaciá-la e depois pode começar a comprar e vender as moedas. Existem inúmeras recompenas para os comerciantes perspicazes.

Um importante comunicado de impressa do Blockchain pode-o ajudar a tomar as decisões corretas para as suas trocas. Existem plataformas muito boas que pode subscrever e ter acesso para ter acesso aos últimos comunicados de impressa que importa para as suas negociações.

QUAIS CRIPTOMOEDAS SÃO AS MELHORES PARA INVESTIR E PARA ENRIQUECER

Este ano o valor do Bitcoin disparou, mesmo depois de uma onça de ouro. Existem também novas criptomoedas no mercado, que são ainda mais surpreendentes, pois trazem o valor das criptomoedas até mais de uma centena de bilhões. Por outro lado, a perspectiva mais longa da criptomoeda é um pouco confusa. Existem disputas de falta de progresso entre os seus principais desenvolvedores que o tornam menos atraente como um investimento de longo prazo e como um sistema de pagamento.

Bitcoin

Ainda é o mais popular, Bitcoin é a criptomoeda que começou tudo. Atualmente, é o maior no valor do mercado que custa cerca de $41 bilhões de dólares e tem estado estado por nos últimos 8 anos. Em todo o mundo, o Bitcoin tem sido amplamente usado, e até agora não há maneira fácil de explorar a fraqueza no método que funciona. Tanto como um sistema de pagamento e como um valor armazenado, Bitcoin permite aos usuários recever e enviar bitcoins facilmente.O conceito da blockchain é a base na qual a Bitcoin é baseada. É necessário entender o conceito da blockchain para ficar com um sentido sobre o que é a criptomoeda.

Para simplificar, blockchain é uma distribuição de dados armazena na rede como um bloco de dados chamada de *"**bloco**"*. Cada usuário tem cópias de blockchain, então, quando Alice envia 1 bitcoin para o Mark, cada pessoa da rede sabe disso.

Litecoin

Uma alternativa ao Bitcoin, é o Litecoin que tenta resolver muitos dos problemas que o Bitcoin possuía. Não é tão resistente quanto o Ethereum, com seu valor derivado principalmente da adoção de usuários sólidos. Vale a pena notar que Charlie Lee, ex-Googler lidera a Litecoin. Ele também está a praticar a transparência com o que está a fazer com o Litecoin e é bastante ativo no Twitter.

Litecoin foi o segundo planod da Bitcoin por algum tempo, mas as coisas começaram a mudar no início de 2017. Primeiro, Litecoin foi adotada por Coinbase junto com o Ethereum e o Bitcoin. Em seguida, Litecoin corrigiu o problema do Bitcoin, adotando a tecnologia de Segregated Witness. Isso lhe deu a capacidade de diminuir as taxas de transação e fazer mais. O fator decisivo, no entanto, foi quando Charlie Lee decidiu colocar o seu foco em Litecoin e ainda deixou a Coinbase, onde ele era o Diretor Engenheiro, só pela Litecoin. Por isso, o preço da Litecoin aumentou nos últimos pares de meses com o fator mais forte ser o facto que podia ser uma verdadeira à Bitcoin.

Ethereum

Vitalik Buterin, programador superstar pensou no Ethereum, que pode fazer tudo o que Bitcoin é capaz de fazer. No entanto, seu objetivo, primário, é ser uma plataforma que construa aplicações descentralizadas. Os *blockchains* são onde estão as diferenças entre os dois. Basicamente, a *blockchain* do Bitcoin regista um tipo de contrato, em que mostra quando os fundos foram transferidos de um endereço digital para outro endereço. No entanto, há uma expansão significativa com o Ethereum, pois ele tem um guião de linguagem mais avançada e tem uma mais abrangente, mais ampla aplicação.

Por meio de muitas vendas, alguns já levantaram dinheiro na casa dos milhões e isso ainda é uma tendência contínua até hoje. O facto é que pode construir coisas maravilhosas na plataforma do Ethereum torna-o quase como a própria Internet. Isto causou um disparo nos preços, portanto, se comprou cem dólares no valor de Ethereum no início deste ano, provavelmente este você, não seria avaliado por cerca de US $3.000.

Monero

Monero visa evitar o problema das transações anónimas. Mesmo se essa moeda foi considerada um metodo de lavagem de dinheiro, Monero pretende mudar isso. Basicamente, a diferença entre Monero e Bitcoin é que Bitcoin apresenta um blockchain transparente com cada transação pública gravada. Com o Bitcoin, qualquer um pode ver como e onde o dinheiro foi movido. No entanto, há uma anomalia imperfeita no Bitcoin. Em contraste, Monero tem um método de transação opaca. Ninguém foi muito vendido neste método, mas desde que algumas pessoas amam a susa privacidade, por qualquer razão, Monero está aqui para ficar.

Zcash

Não ao contrário de Monero, Zcash também tem como objetivo resolver os problemas que a Bitcoin tem. A diferença é que, em vez de ser completamente transparente, Monero é apenas parcialmente público no *blockchain*. Zcash também tenta evitar o problema das transações anónimas. Afinal, nenhuma pessoa adora mostra quanto dinheiro eles realmente colocam na memorabilia de Star Wars. Assim, a conclusão é que esse tipo de criptomoeda realmente tem realmente uma audiência e uma procura, embora seja difícil apontar qual das criptomoedas que se foca na privacidade acabará por sair por cima.

Bancor

Também conhecido como um **"token inteligente",** o Bancor é a nova geração de criptomoeda padrão, que pode segurar mais de um *token* na reserva. Basicamente, o Bancor tenta tornar fácil a troca, gerenciamento e criação de *tokens* ao aumentar o nível de liquidez a deixando-os ter um preço de mercado que é automático. Neste momento, o Bancor tem um produto na frente que inclui a carteira e a criação de *token* inteligente. Também há recursos na comunidade, como exemplos, estatísticas, perfis e discussões. Em suma, o plano do Bancor permite a descoberta de um preço incoporado como um mecanismo para a liquidez para fichas contratuais inteligentes através de um mecanismo de reserva inovadora. Através destes contratos inteligentes, pode liquidar ou comprar instantaneamente *tokens* dentro da reserva do Bancor. Com Bancor, você pode criar novas criptomoedas com facilidade. Agora, quem não gostaria de fazer isso?

EOS

Outro concorrente do Ethereum, a EOS promete resolver o problema de escala do Ethereum por meio do fornecimento de uma série de ferramentas que são mais robustas para executar e criar aplicações na plataforma.

Tezos

Uma alternativa ao Ethereum, Tezos pode ser consensualmente atualizado sem muito esforço. Este novo *blockchain* é descentralizado, visto que ele é autónoma pelo o estabelecimento de uma verdadeira comunidade digital. Facilita a técnica matemática chamada de verificação formal e tem reforço de segurança dos contratos inteligentes mais pesados e sensíveis no ponto de vista financeiro. Definitivamente, um grande investimento nos meses que virão.

Veredicto

É incrivelmente difícil prever qual Bitcoin, na lista, se tornará a próxima superstar. No entanto, adoção do usuário sempre foi um dos fatores chaves do sucesso quando se trata de criptomoedas. Tanto o Ethereum quanto o Bitcoin têm isso e mesmo se houver um monte de suporte dos adotores mais antigos de todas as criptomoedas da lista, algumas tem ainda de provar o seu poder. No entanto, estes são as melhores para investir e para ficar atento nos próximos meses.

A DIFERENÇA ENTRE VIRTUAL, DIGITAL E CRIPTOMOEDAS

Enquanto mais e mais bancos estão a permitir um aumento no sistema eletrónico bancário, **Moedas Virtuais** operam como dinheiro independente, cujo valor é criado pelo banco original. No entanto, a moeda virtual mais famosa do mundo, Bitcoin, não se encaixa nesta especificação, abrangendo aspectos das três formas de moeda electrónica

Moeda Digital difere disso como um dinheiro apoiado por uma ajuda com o equivalente do seu valor no mundo real. Devido à maior parte do dinheiro mundial que está sendo armazenado em computadores, pode-se dizer que a maior parte da moeda mundial agora é digital.

Criptomoeda

Refere-se a formas de dinheiro eletrónico cujas instruções estão encriptadas. Utilizando um livro contabilistico para armazenar dados, eles se conectam entre si e agem conforme registos que os usuários podem usar para manter um registo consistente dos dados. Por causa da variedade de maneiras que o seu preço pode ser afetado, ele muitas vezes oscila em valor. Embora certas criptomoedas possam ter um grau anonimato, algumas ainda são exigidas por lei para divulgar a identidade dos usuários.

O FUTURO DA MOEDA DIGITAL

Currency refers to electronic currencies stored electronically in banks, and makes up one out of three forms of electronic currency. While paper money is still used globally, up to 80% of the world's currency is stored through banks electronically. From its infancy, it has grown from an alternative to conducting business to a primary form of e-commerce, and only seems to continue to grow.

Origens

A primeira moeda digital foi criada durante a primeira bolha da Internet no início dos anos 2000. Foi denominado E-Gold e foi fundado em 1996 pela Gold and Sliver Reserve Incorporated, que permitiu que os usuários transmitissem pequenas quantidades dos valores do ouro electronicamente. No início de 2000, tornou-se a primeira moeda eletrónica a oferecer uma mudança de serviço de outras moedas.

"Digital" é uma palavra cujas origens residem no latim digitalis, de digitus ("dedo, dedo do pé"); agora é usado o seu sinónimo nos computadores e televisões, cameras, players de música, relógios, etc. Mas o que dizer sobre o dinheiro digital e da democracia digital?

A impresa causou uma revolução no seu tempo, aclamado como uma força democrática para o bem de muitos. Os livros disponíveis para as massas foi na verdade uma revolução; e agora também temos e-books e dispositivos de tecnologia para conseguir ler com eles. O facto de que as palavras originais foram codificadas em forma numérica e decodificadas de volta as para palavras que estamos a ler, mas ainda podemos preferir estética de um livro físico, do que um pedaço de tecnologia de ponta que precisa ter a sua bateria carregada para continuar a trabalhar. Pode as moedas digitais tal como as bitcoins realmente fornecer uma contribuição positiva para a mudança social de uma forma espetacular?

Para responder a isso, devemos perguntar quanto dinheiro, como podemos entendê-lo, usá-lo e descrevê-lo em um modelo sustentavél num mundo 'melhor'? Dinheiro, ao contrário de qualquer outra forma de propriedade, é único que pode ser usado para qualquer coisa antes de qualquer ocorrência. Não implica nada, mas pode ser usado para grande bem ou para um grande mal, e ainda é apenas o que é, apesar de suas muitas manifestações e consequências. É único, mas muito mal entendido e mal utilizado. Dinheiro tem a facilidade de comprar e vender, e uma complexidade matemática demonstrada pelos mercados financeiros; e ainda não tem nenhuma definição de igualitarismo, moral ou ético na tomade de decisões. Por ser uma entidade autónoma, ela é tanto endógena e exógnea para a comunidade mundial. Não tem nenhuma personalidade e pode ser facilmente substituída, mesmo assim é tratada como um recurso finito no contexto global, seu crescimento é governado por um conjunto de regras complexas que determinam a maneira como se pode comportar. No entanto, apesar deste resultado, os produtos nunca foram completamente previsíveis e, além disso; uma condição para a justiça social e uma abordagem para mais turpitude moral não é um requisito para o seu uso.

Para que uma moeda possa ser efetivamente eficaz nas suas funções financeiras exigidas dele, o valor intrinsíco do dinheiro tem de ser apenas detido por aqueles que o usam. Em novembro de 2013, o US Senate Committee on Homeland Security e Governmental Affairs reconheceram que as moedas virtuais são uma maneira legitima de pagamento, um exemplo disso é a Bitcoin. Devido às taxas de transação muito baixas pagas pela "rede da Bitcoin", ela oferece uma maneira muito real de permitir a transferência de fundos de trabalhadores migrantes possam enviar dinheiro de volta para as suas famílias sem ter de pagar um preço muito alto de taxa pela transferência, que é cobrado atualmente pelas empresas. A Comissão Europeia calculou que a média global de remissão de 10% foi reduzida a 5% (os '5x5', endossados pelo G20 em 2011), poderiam resultar nuns adicionais US \$17 bilhões a ir para países em desenvolvimento; o uso do *blockchain* reduziria essas taxas para perto de zero. Estas empresas de transferência de dinheito que extrapolam a riqueza do momento podem se tornar desintermediados pelo uso de tal infraestruturas.

Provavelmente o ponto mais importante a notar sobre criptomoedas é a natureza distribuída e descentralizada das suas redes. Com o crescimento da Internet, estamos talvez apenas a ver a "ponta do icebergue" no que diz respeito a futuras inovações que podem explorar um potencial desconhecido para permitir a descentralização, mas a uma escala até agora invisível ou inimaginável. Assim, ao passo que no passado, quando havia necessidade de uma grande rede, ela só era exequível usando uma estrutura hierárquica; com a consequência da necessidade de entregar o "poder" dessa rede a um pequeno número de indivíduos com um interesse controlador. Pode dizer-se que o Bitcoin representa a descentralização do dinheiro e a passagem para uma abordagem de sistema simples. Bitcoin representa um avanço tão significativo como o compartilhamento de arquivos *peer-to-peer* e telefonia pela internet (Skype, por exemplo).

Há muito pouca regulamentação legal produzida explicitamente para moedas digitais ou virtuais, no entanto, há uma ampla gama de leis existentes que podem ser aplicadas dependendo do quadro financeiro legal do país para: Tributação, Bancário e Regulamento de Transmissão de Dinheiro, Regulamentação de Valores Mobiliários, Direito Penal e Civil, Direitos dos Consumidores ou Proteção, Regulamento de Pensões, Regulamentação de Commodities e Ações, entre outros. Assim, as duas questões principais que enfrentam bitcoin são se ele pode ser considerado como curso legal, e se como um ativo, então ele é classificado como propriedade. É uma prática comum para os estados-nação definirem explicitamente a moeda como moeda legal de outro estado-nação (ex. US$), impedindo-os de reconhecer outras "moedas" formalmente como moeda. Uma notável exceção a isso é a Alemanha, que permite o conceito de uma "unidade de conta" que pode ser usada em "círculos multilaterais de compensação. Em outras circunstâncias de ser considerado como propriedade, as moedas digitais têm a capacidade de divisibilidade em quantidades muito menores.

As economias desenvolvidas e abertas são geralmente permissivas para as moedas digitais. Os EUA emitiram mais orientações e está altamente representado no mapa abaixo. As economias controladas por capital são efetivamente por definição contenciosas ou hostis. Quanto a muitos países africanos e alguns outros, o tema ainda não foi abordado.

Partindo dos princípios da participação democrática, torna-se imediatamente evidente que o bitcoin não satisfaz a componente de impacto social positivo de um tal objectivo, na medida em que o seu valor não é um valor sobre o qual pode exercer influência, mas está sujeito às forças do mercado. No entanto, qualquer "nova" criptomoeda pode oferecer participação democrática quando a moeda virtual tem regras diferentes de governança e emissão com base em princípios democráticos mais baseados socialmente.

Então, e se uma moeda "digital" pudesse fornecer uma alternativa válida às formas de dinheiro existentes no desempenho do papel de contribuir positivamente para: os objetivos de promover uma cultura socialmente inclusiva, a igualdade de oportunidades e a promoção do mutualismo; que, como o próprio nome indica, são alternativas e ou complementares a uma moeda soberana oficial ou nacional? Criptomoedas virtuais como o bitcoin são uma dinâmica nova e emergente no sistema; embora em sua infância, o ritmo de inovação no campo das criptomoedas tinha sido dramático.

Há muitos fatores que determinam a "eficácia" do dinheiro para trazer mudanças sociais e ambientais positivas; ideologia política penetrante, ambiente econômico, o desejo de comunidades e indivíduos locais de buscar resultados sociais alternativos, procurando maximizar a oportunidade econômica, a construção de capital social, e muitos outros. Se uma moeda digital local poderia ser projetada para construir resiliência extra em uma economia local e melhorar os resultados da economia, então a introdução em uma base mais generalizada merece investigação. Quando o sistema econômico atual não o entrega é manifestado de formas como: isolamento social aumentado, taxas de criminalidade mais elevadas, abandono físico, saúde deficiente, falta de senso de comunidade, entre outros impactos sociais indesejáveis.

NOVO PENSAMENTO DE RISCO

Antes de mergulhar em um novo projeto, tire um tempo para pensar sobre sua **viabilidade, custos, comerciabilidade, aceitabilidade, aplicabilidade e definição de sucesso.** Por que você quer começar um novo empreendimento, geralmente para ganhar dinheiro! A estrutura de nossa sociedade compele a geração de fundos. A fungibilidade do dinheiro traduz-se na capacidade de alcançar metas e objetivos em nossas vidas diárias.

Como exemplo, vamos supor que deseja criar um site para fornecer serviços de Forex. Forex significa **câmbio**; é um meio acessível para negociar moedas para muitos comerciantes. Baixo custo de entrada, fácil acesso à alavancagem, juntamente com vinte e quatro horas de operação seis dias por semana, torna isso uma alternativa atraente para métodos de negociação tradicionais, como **ações e títulos.** Serviços em nosso exemplo serão produtos de informação, alguns vai criar a si mesmo, e outros que vai revenda.

Viabilidade

Pode um site Forex trazer dinheiro suficiente para pagar a si mesmo mais os lucros? A viabilidade realmente parece possível devido a um grande número de sites de Forex existentes. Muitos sites não constituem prova, realizar pesquisas adicionais para considerar o quão rentável. Que novo ângulo pode trazer para o mundo? Talvez o seu nicho estará aceitando criptomoeda para todas as transações?

Custos

Quando refletirmos sobre os custos, não se esqueça sobre os custos de oportunidade, juntamente com as despesas. Pode pensar em algo melhor para fazer com o seu tempo? Muito provavelmente vai desenvolver novas capacidades, estará construindo habilidades transferíveis? Criar um Web site envolve algumas habilidades técnicas que você poderia aprender se assim inclined, é possível externalizar algumas tarefas. Novamente vemos a velha serra; vai pagar tempo ou dinheiro. Tome uma contabilidade do que vai custar-lhe para obter produtos resalable e ou o que vai precisar para fazer o seu próprio.

É capaz de sustentar o empreendimento sem dificuldades indevidas? Uma folha de pro forma pode ser útil ao planejar despesas futuras do negócio. Fique de olho em possíveis custos e responsabilidades ocultas. Regulamentos e leis estão maduros com surpresas para novas empresas, pesquisa completa qualquer expansão planejada, como a contratação de empregadas. A quantidade de burocracia que você tem que lidar com pode não compensar os benefícios que você receberá. O objetivo é eliminar as obrigações inesperadas. Haverá, é claro, eventos imprevistos; navegável melhor pela pessoa que está mais preparada para lidar com as questões que são previsíveis.

Comercialização

Um site não pode ser rentável apenas porque existe, pense sobre o valor que um site pode trazer para seus clientes potenciais. Quanto mais bondade pode dar às pessoas, mais capital pode fazer. Acha que os produtos que oferece são valiosos? É quase impossível vender algo que não acredita ter valor.

Agora é a hora de pensar sobre a sua estratégia de marketing? Como vai atrair clientes? Há muitos métodos disponíveis a partir de, listas de e-mail, search engine optimization, publicidade, blogging, joint-ventures, afiliados, cold calling, agricultura, boca a boca, e muitos outros. Escolha uma combinação de métodos que concordem com o seu orçamento de marketing. Pagará com tempo ou dinheiro, então selecione a sua mistura, faça um plano e esteja pronto para agir.

Aceitabilidade

Sentiria-se confortável dizendo a alguém que respeita que está envolvido com seu projeto? O respeito é difícil de ganhar e fácil de perder. Considere o efeito que suas ações terão em sua reputação, escondendo-se atrás de uma fachada não vai aliviar sua alma. Apenas, fazer a coisa correta e profissional cada vez. Quando sabe no fundo que deu-lhe a quantidade apropriada de esforço, descanso fácil. Forex sites estão maduros com charlatães e vendedores ambulantes, pensar em maneiras de combater as impressões negativas iniciais que alguns podem ter de seu negócio. Tem a força da vontade de resistir às críticas?

Aplicabilidade

Tem ou pode aprender a habilidade certa para ser bem sucedido no que deseja realizar? Ainda gosta do que planeia fazer? Se está fazendo isso apenas pelo dinheiro, então boa sorte. Trabalhar em algo que teme não leva a felicidade a longo prazo, não importa o quanto faz dinheiro.

Atualmente comercializa no mercado Forex, usaria os produtos que está tentando vender? Tem as habilidades de codificação para desenvolver robôs comerciais? É organizador excepcional que pode terceirizar tudo e manter o controle sobre como a sua operação está funcionando? Descubra como usar suas forças para sua vantagem e descobrir como terceirizar suas fraquezas, com o tempo pode ser capaz de ganhar recursos adicionais, mas no início do seu negócio fazer planos para mitigar a sua falta. Pode ser possível assumir um parceiro que é forte onde você é fraco.

Sucesso

O que o sucesso significa para si? Ah, todos nós queremos ser um sucesso, mas a menos que seja definido inequivocamente, nunca poderemos alcançá-lo. O sucesso não é um sentimento geral de sucesso; o sucesso é um objetivo alcançado. Então, certifique-se de especificar seus objetivos concretamente para que possa medir suas realizações. No caso de nosso sucesso do Forex do Web site poderia ser definido sucessivamente com cada objetivo que é mais exigente do que o precedente. Inicialmente, o objetivo poderia ser que o site recuperasse todas as despesas monetárias investidas na operação. Em seguida, poderia querer valorizar o seu tempo a uma taxa particular dizer, cem dólares por hora? Acompanhar o seu tempo versus renda menos investimento revelaria a taxa horária que o seu site está a pagar-lhe.

ALGUMAS DEFINIÇÕES

• ***Criptomoeda:*** moeda eletrónica; também chamada de moeda digital.

• ***Dinheiro sem lastro***: Qualquer moeda legal; apoiada pelo governo, utilizada no sistema bancário.

• ***Bitcoin:*** o padrão original e ouro da moeda criptográfica.

• ***Altcoin:*** outras criptomoedas que são modeladas a partir dos mesmos processos que o Bitcoin, mas com pequenas variações na sua codificação.

• ***Mineiros:*** um indivíduo ou grupo de indivíduos que usam os seus próprios recursos (computador, eletricidade, espaço) para minar moedas digitais ou também um computador especializado feito especificamente para encontrar novas moedas através de uma série de algoritimos de computação.

• ***Carteira:*** um pequeno arquivo no seu computador onde pode armazenar o seu dinheiro digital.

CRIPTOMOEDAS EM POUCAS PALAVRAS

- ❖ Dinheiro eletrónico.
- ❖ Extraído por indivíduos que usam os seus próprios recursos para encontras as moedas.
- ❖ Um sistema estável e finito de moeda. Por exemplo, existem apenas 21,000,000 Bitcoins produzidos para sempre.
- ❖ Não requer qualquer governo ou banco para que funcione.
- ❖ A fixação dos preços é decidida pelo montante das moedas encontradas e utilizadas, que é combinado com a procura do público para as possuir.
- ❖ Existem várias formas de criptomoeda, com Bitcoin sendo a primeira e mais importante.
- ❖ Pode trazer grande riqueza, mas, como qualquer investimento, tem riscos.

CONCLUSÃO

Criptomoeda tem sido, sem dúvida, um conceito revolucionário que vê um crescimento em expansão nos próximos anos. Ao mesmo tempo, o conceito é um pouco grande ambíguo e novo para a maioria das pessoas. Para entender como tudo isso funciona, trazemos notícias de criptomoedas. Isso irá atualizá-lo ainda mais sobre cada tipo de criptomoedas prevalecentes no mercado, incluindo as notícias Bitcoin. Vá em frente e ilumine-se um pouco mais sobre o que é todo este conceito e como ele pode beneficiá-lo.

A maioria das pessoas acha o conceito de criptomoeda fascinante. É um novo campo que poderia ser a próxima mina de ouro para muitos deles. Se descobrir que a criptomoeda é algo que gostaria de saber mais sobre então encontrou o relatório certo.